GUIDE PRATIQUE

DE

L'OFFICIER DE POLICE JUDICIAIRE MILITAIRE

POUR

L'ÉTABLISSEMENT DES PLAINTES EN CONSEIL DE GUERRE

EN TEMPS DE GUERRE

AUX ARMÉES ET EN TEMPS DE PAIX

Par E. AMAT

OFFICIER D'ADMINISTRATION DE 1ʳᵉ CLASSE DU SERVICE DE LA JUSTICE MILITAIRE
LICENCIÉ EN DROIT

2ᵉ ÉDITION

PARIS
HENRI CHARLES-LAVAUZELLE
Éditeur militaire
124, Boulevard Saint-Germain, 124
(MÊME MAISON A LIMOGES)
1916

PRIX : **2** Francs.

GUIDE PRATIQUE

L'OFFICIER DE POLICE JUDICIAIRE MILITAIRE

POUR

L'ÉTABLISSEMENT DES PLAINTES EN CONSEIL DE GUERRE

EN TEMPS DE GUERRE

AUX ARMÉES ET EN TEMPS DE PAIX

Par E. AMAT

OFFICIER D'ADMINISTRATION DE 1re CLASSE DU SERVICE DE LA JUSTICE MILITAIRE

LICENCIÉ EN DROIT

2e ÉDITION

PARIS

HENRI CHARLES-LAVAUZELLE

Éditeur militaire

124, Boulevard Saint-Germain, 124

(MÊME MAISON A LIMOGES)

1916

PRIX : **2** Francs.

GUIDE PRATIQUE

DE

L'OFFICIER DE POLICE JUDICIAIRE MILITAIRE

I

GÉNÉRALITÉS.

Ce guide est simplement destiné à faciliter la tâche des Officiers de police judiciaire. Dans ce but, il contient, à la suite du texte, un modèle de dossier de plainte en Conseil de Guerre établi sur un nom et d'après des faits supposés. A l'aide de ce modèle, tout officier pourra aisément constituer un dossier judiciaire, sans le secours des livres de droit, rares dans les Corps de troupe. Il lui suffira d'avoir du papier pour établir les pièces nécessaires et un livret individuel de soldat pour la qualification de l'infraction commise, ainsi que pour les articles à viser.

Il est tout de même préférable de se procurer à l'avance et d'employer des imprimés. Ceux alors indispensables sont : des *plaintes ordinaires*, des *plaintes pour déserteurs*, des *procès-verbaux d'information pour accusés*, des *procès-verbaux d'information pour témoins*, et, ainsi qu'on le sait, des *états signalétiques* et des *relevés des punitions*.

DOSSIER DE PROCÉDURE.

Un dossier de plainte en Conseil de Guerre contient généralement les pièces suivantes :

Numéros des modèles.

1. Plainte.
2. Rapport.
3. Etat signalétique.   } En double expédition.
4. Relevé des punitions.   }
5. Relevé des condamnations.
6. Délégation ou réquisition (s'il y a lieu).
7. Interrogatoire du prévenu.
8. Déposition d'un témoin (sans interprète).
9. Déposition d'un témoin (avec interprète) et confrontation.

DANS CERTAINS CAS.

10. Commission rogatoire.
11. Déposition d'un témoin entendu par commission rogatoire et sans interprète.
12. Déposition d'un témoin entendu par commission rogatoire, avec interprète.
13. Réquisition pour pénétrer dans une maison particulière.
14. Procès-verbal de perquisition.
15. Ordonnance de perquisition.
16. Etat des pièces de conviction.
17. Ordonnance de nomination d'expert. }
18. Prestation de serment. } Expertise.
19. Rapport médico-légal. }
20. Réquisition à un Receveur des postes.

POUR LES DÉSERTEURS.

21. Plainte (d'un modèle spécial).
22. Procès-verbal de présentation volontaire.
23. Etat des effets, armes ou objets emportés.
24. Etat des effets, armes ou objets rapportés.

II

REMARQUES SUR CHAQUE PIÈCE DU DOSSIER.

Plainte (mod. 1). — Elle est signée soit par les Chefs de corps, de service, de dépôt ou de détachement, soit par le Commandant d'armes, soit par le Major de la garnison ou bien par un membre de l'Intendance. (Art. 85 C. J. M.)

Lorsqu'il y a eu délégation, celui qui est délégué transmet les pièces établies à celui qui l'a délégué. Ce dernier signe la plainte et adresse le tout au Chef de la justice militaire.

On inscrira au verso la date exacte où l'homme a été déposé à la prison du Corps. Cette date est importante, parce qu'elle détermine le point de départ de la détention préventive, et, le plus souvent, le commencement de la peine. (Art. 200 C. J. M.)

S'il s'agissait de plusieurs prévenus, on pourrait les porter tous sur une même plainte; mais l'imprimé ne s'y prêtant pas, il est préférable de n'en mentionner qu'un sur chaque formule.

Pour les déserteurs, la plainte a un libellé spécial. (Mod. 21.)

Rapport (mod. 2). — Il est établi par le Commandant de l'unité où les faits se sont passés ou bien par l'Officier de police judiciaire. Autant que possible, le rapport relate et précise dans l'ordre chronologique les diverses circonstances de l'infraction. Il indique la date exacte de l'entrée au service du prévenu, le titre sous lequel ce dernier sert et donne une appréciation sur la moralité, la manière de servir et les punitions de l'inculpé.

Si l'Officier de police judiciaire ne peut donner les renseignements relatifs au service et à la moralité de l'inculpé, il les demande à l'officier qui a eu le prévenu sous ses ordres; ce dernier Officier fournit alors un rapport à ce sujet.

États signalétiques et relevés de punitions (mod. 3 et 4). — Doivent être établis en double expédition, l'une restant au dossier et l'autre suivant le condamné au lieu de détention. Ne pas oublier de mentionner sur l'état signalétique les décorations dont l'homme est titulaire, le Commissaire du gouvernement étant chargé, en cas de condamnation d'un homme décoré, d'en aviser la Grande Chancellerie. (Circulaire du 8 février 1896.)

Relevé des condamnations (mod. 5). — Aux armées, pour accélérer la procédure, l'extrait du casier judiciaire n'est pas indispensable au dossier. Toutefois, si le Corps est avisé que le prévenu a des condamnations antérieures, un relevé de ces condamnations sera annexé à la plainte par l'Officier de police judiciaire.

Délégation ou réquisition (mod. 6). — Cette pièce n'est pas toujours nécessaire. Elle n'est établie que lorsque le Chef de corps, qui aurait pu instruire lui-même l'affaire, veut déléguer ses pouvoirs à un Officier sous ses ordres. (Art. 85 C. J. M.) (1).

La délégation prend le nom de réquisition, lorsqu'un Officier de police judiciaire requiert un autre Officier de police judiciaire. Il y a lieu, par exemple, à *réquisition* quand le Commandant d'armes, ou le Major de la garnison requièrent l'Adjudant de garnison d'avoir à instruire une plainte en Conseil de Guerre.

La formule de réquisition est pareille à celle de la délégation, sauf qu'on remplace les mots *délégation* par *réquisition* et *déléguons* par *requérons*, et qu'on ajoute l'article 84 du Code de justice militaire.

Cette distinction, assez subtile, est faite par l'article 85 du Code militaire.

Interrogatoire du prévenu (mod. 7 et 7 bis). — Pour l'interrogatoire du prévenu, ainsi d'ailleurs que pour les dépositions des témoins, on peut, aux armées, utiliser les imprimés du temps de paix. S'il n'y a pas eu de délégation, rayer, sur les formules à la première page, les mots : *et par délégation de M. le.....* Indiquer l'âge du greffier (il doit être âgé d'au moins 25 ans).

L'Officier de police judiciaire et le Greffier signent au bas de chaque page. L'inculpé et l'interprète ne doivent signer qu'à la fin du procès-verbal; tous apposent leur signature au-dessous de chaque renvoi.

Quand l'inculpé ne peut ou ne veut signer, on doit le mentionner.

Approuver en bloc, à la fin de l'interrogatoire, tous les mots rayés nuls.

En temps de paix, « l'Officier de police judiciaire, pour laisser à l'inculpé toute liberté de ne présenter sa défense que devant le Rapporteur, et sous les garanties prévues par la loi du 8 décembre 1897 (assistance du défenseur), ne doit faire aucun acte tendant à provoquer directement ou indirectement son aveu ». (Circulaire du 23 février 1903.)

Mais aux Armées, où l'assistance du défenseur n'est pas autorisée, les Officiers de police judiciaire, tout en respectant les droits de la défense, doivent, dans l'intérêt de la vérité, provoquer les explications des prévenus, car il est souvent plus aisé, au corps, de vérifier les dires des inculpés. C'est pour cela qu'il y a lieu, aux Armées, de rayer, à la deuxième page de l'interrogatoire, les mots : « en l'avertissant qu'il est libre de ne pas en faire ».

En dehors du temps de paix, il est tout de même préférable de se servir, pour les interrogatoires des inculpés, de la formule (mod. 7 bis), appelée *Procès-verbal de déclarations reçues par l'Officier de police judiciaire en dehors du temps de paix* et qui est prévue par la circulaire du 23 juin 1875. (Edition méthodique, vol. n° 56 bis, p. 7.)

---

(1) Le pouvoir du chef de corps, en ce qui concerne la police judiciaire, sera uniquement délégué à un officier supérieur dans les corps de troupe commandés par un colonel ou un lieutenant-colonel. Lorsque le chef de corps ou d'établissement n'est que chef de bataillon, capitaine ou assimilé, il devra procéder lui-même à l'information préliminaire à moins d'une autorisation motivée de l'autorité militaire (officier général ou assimilé) dont il relève hiérarchiquement. (Circulaire ministér. du 28 nov. 1906.)

Lorsqu'on a recours à un interprète, il y a lieu de le mentionner en marge du procès-verbal (voir mod. n° 9). L'interprète doit prêter serment et être âgé d'au moins 21 ans.

On ne doit jamais tutoyer dans un procès-verbal le prévenu ou les témoins, même les indigènes.

L'Officier de police judiciaire, parlant de soi, emploiera de préférence la première personne du pluriel.

Dépositions des témoins (mod. 8 et 9). — Mêmes observations, en général, que ci-dessus, concernant la délégation, le greffier, l'interprète et les signatures de ceux qui figurent dans le procès-verbal.

Celui qui a été victime d'un fait délictueux (le gradé outragé, la personne volée, etc...) doit toujours être entendu, à moins d'impossibilité absolue.

Confrontations (mod. 9 *in fine*). — Lorsqu'on interroge un témoin, on peut procéder à des confrontations soit entre ce témoin et l'inculpé, soit entre deux témoins.

S'il s'agit de deux témoins, et qu'on ait à poser des questions au deuxième témoin, on doit, au préalable, lui faire prêter serment, et le mentionner sur le procès-verbal.

On peut aussi, de la même façon, procéder à des confrontations sur le procès-verbal d'interrogatoire de l'inculpé.

Commission rogatoire (mod. 10). — Il arrive quelquefois qu'un témoin ne se trouve pas dans le lieu où réside l'Officier de police judiciaire. Celui-ci peut alors soit demander à l'autorité militaire de prescrire à ce témoin d'avoir à se présenter devant l'Officier enquêteur, soit faire entendre sur place le témoin en adressant une commission rogatoire au Commandant des brigades de gendarmerie (ou au chef de détachement) de la résidence du témoin. On peut ainsi faire interroger dans un même lieu plusieurs personnes avec une seule commission rogatoire. Les questions qui doivent être posées seront mentionnées en spécifiant bien à quels témoins elles s'adressent. La commission rogatoire doit toujours être retournée; elle est jointe au dossier.

Déposition d'un témoin entendu par commission rogatoire (mod. 11 et 12). — L'Officier de police judiciaire requis, après avoir entendu les témoins cités et posé les questions écrites dans la commission rogatoire, peut interroger d'autres témoins et poser d'autres questions, s'il le juge utile à la manifestation de la vérité.

Les dépositions doivent être reçues conformément à ce qui se fait habituellement, (signatures au bas de chaque page de l'Officier de police judiciaire et du Greffier, prestation de serment du témoin, de l'interprète, etc...), concernant l'audition des témoins.

Réquisition, procès-verbal de perquisition dans une maison particulière (mod. 13, 14, 15). — Les articles 86 et 91 du Code de justice militaire donnent le droit aux Officiers de police judiciaire de faire des perquisitions. Mais ces Officiers ne peuvent s'introduire dans une maison particulière sans demander par une réquisition (mod. 13) l'assistance soit du juge de paix ou de son suppléant, soit du maire, soit de son adjoint, soit du commissaire de police. En campagne, s'il ne se trouve sur les lieux aucune autorité civile chargée d'assister l'Officier enquêteur, celui-ci peut, conformément à l'article 153 du Code de justice militaire, passer outre et perquisitionner. Mention en est faite dans le procès-verbal de la perquisition établi selon le modèle 14.

Lorsque la perquisition doit se faire en dehors du lieu où se trouve l'Officier de police judiciaire, ce dernier envoie une ordonnance de perquisition (mod. 15) au Commandant de la gendarmerie qui a dans sa compétence l'endroit de la perquisition.

Si l'Officier de police judiciaire veut pénétrer dans un établissement civil ou militaire, il adresse à l'autorité compétente une réquisition sous forme de simple demande (cela suffit généralement), tendant à obtenir l'entrée de l'établissement.

État des pièces de conviction (mod. 16). — Les pièces de conviction sont en général tous les objets pouvant servir à la manifestation de la vérité. L'Officier de police judiciaire doit les rechercher et les saisir. Il indique dans l'état leur provenance, afin d'éviter toute contestation ultérieure à ce sujet.

Expertises (mod. 17, 18, 19). — L'Officier de police judiciaire peut requérir des hommes qui, par leurs connaissances, par leur profession, sont spécialement capables d'apprécier certaines circonstances de l'infraction, ou qui peuvent indiquer le degré de responsabilité du délinquant (expert en écritures, expert-médecin, etc.).

Pour que l'expertise soit parfaite et que le Rapporteur puisse en adopter les conclusions, l'Officier enquêteur rendra une ordonnance de nomination d'expert (mod. 17) et fera prêter serment à l'expert (mod. 18). La forme du rapport d'expertise est donnée par le modèle 19.

Réquisition à un Receveur des postes (mod. 20). — Ce modèle est employé lorsque des renseignements utiles peuvent être découverts dans un bureau des postes. Les agents de ce service, tenus au secret professionnel, ne doivent fournir aucun renseignement sans en être légalement requis.

Plainte pour déserteur (mod. 21). — La plainte pour déserteur est d'un modèle spécial. Conformément à l'article 95 du Code de justice militaire, il n'y a que le Chef de corps ou de détachement auquel le déserteur appartient, qui puisse signer cette plainte.

Procès-verbal de présentation volontaire (mod. 22). — Ce modèle peut servir lorsque le déserteur se présente, par exemple, à un poste de police ou à une autorité militaire ou civile, en dehors du personnel de la gendarmerie ou de la police. Ce personnel utilise, pour les présentations volontaires comme pour les arrestations, des imprimés spéciaux. Le procès-verbal de présentation volontaire ou d'arrestation est indispensable au dossier de procédure.

Etat des effets, armes ou objets emportés et de ceux rapportés (mod. 23, 24). — L'état des effets, armes ou objets emportés est établi lors du départ du déserteur et à la suite de l'inventaire qui doit être fait à ce moment-là. Au retour, il est procédé à l'inventaire de ce que le déserteur rapporte, et il est établi un deuxième état. De la comparaison de ces deux états, ressort l'emport des effets, armes ou objets non représentés.

III

NOTES DIVERSES.

Officiers pouvant établir les plaintes en Conseil de guerre. — Le Code de justice militaire énumère dans ses articles 85 et 95 les personnes qui peuvent adresser une plainte au Chef de la justice militaire. Ce sont : les Chefs de corps, de dépôt, de service ou de détachement, les Commandants d'armes, les Majors de garnison, les Membres de l'Intendance.

Ces Officiers peuvent établir personnellement le dossier ou bien requérir les Officiers de police judiciaire placés sous leurs ordres, et dont la liste est donnée par l'article 84 du Code militaire, savoir : les Adjudants de garnison, les Chefs de poste, les Officiers d'administration d'artillerie et du génie, les Officiers, Sous-Officiers et Commandants des brigades de gendarmerie, chacun en ce qui le concerne.

Les Chefs de corps (Colonels ou Lieutenants-Colonels) peuvent, en outre, déléguer leurs pouvoirs à l'un des officiers sous leurs ordres, comme il a été dit plus haut à propos de la délégation.

Qualification des faits. — Il n'y a pas lieu de s'occuper des contraventions, celles-ci n'étant que rarement déférées aux tribunaux militaires; on ne trouve guère comme exemple que des cas d'ivresse, contravention prévue par l'article 1er de la loi du 23 janvier 1873 et punie par l'article 271 du Code de justice militaire.

On appelle *crime* toute infraction à la loi réprimée d'une peine *criminelle*, et *délit* tout fait puni d'une peine *correctionnelle*. C'est donc la nature de la peine qui établit la distinction entre le crime et le délit.

L'article 185 du Code de justice militaire donne la classification des pénalités. Ce sont, pour les *crimes* : la mort, les travaux forcés, la déportation, la détention, la réclusion, le bannissement, la dégradation militaire. Pour les *délits* : la destitution, les travaux publics, la prison, l'amende.

Quand on voudra savoir s'il faut appeler le fait crime ou délit, il suffira d'ouvrir un livret individuel de soldat, à la page 13 du livret des troupes métropolitaines et à la page 67 du livret des troupes coloniales, de lire la peine portée en regard du fait et de se référer à la classification ci-dessus. Ex. : Les outrages qui sont punis des travaux publics sont qualifiés délit.

On trouvera, en même temps, à ces mêmes pages, l'article à viser dans le rapport et dans la plainte.

Lorsque le fait ne sera pas mentionné sur le livret, c'est qu'il sera puni par le Code pénal ordinaire.

Voici une énumération succincte, par ordre alphabétique, des principales infractions de droit commun, en indiquant la qualification et les articles du Code pénal qui les prévoient :

Abus de confiance ordinaire, délit, 408, 406;
Assassinat, crime, 296, 297, 302;
Bris de clôture, délit, 456;
Concussion, crime, 174;
Coups et blessures simples, délit, 311;
Coups et blessures graves, crime en général, 309;
Corruption de fonctionnaires, crime, 177;
Dégradation de monuments, délit, 257;
Escroquerie, délit, 405;
Evasion de détenus, délit en général, 237 et suivants;
Faux (excepté le faux en matière d'administration militaire), crime, 147, 150;
Faux témoignage, crime ou délit selon la gravité, 361 et suivants;
Homicide involontaire, délit, 319;
Meurtre, crime, 295, 304;
Outrages envers les agents de l'autorité, délit, 224;
Refus d'exécuter une réquisition, délit, 234;
Violences envers les agents de l'autorité, délit en général, 230;
Vol simple au préjudice d'un civil, délit, 401;
Vol avec circonstances aggravantes, crime, 381 et suivants;
Usurpation de titre ou fonctions, délit, 258, 259.

Ajouter l'article 267 du Code de justice militaire qui indique la compétence du Conseil de guerre.

Remarque. — Il n'y a pas lieu de s'attarder à rechercher la qualification tout à fait exacte de l'infraction commise. Ce soin est surtout laissé au Chef de la justice militaire. La précision se fera dans l'ordre d'informer et plus encore dans l'ordre de mise en jugement. Il suffit que l'Officier de police judiciaire fasse bien ressortir les faits, afin que l'autorité supérieure puisse parfaitement apprécier leur portée.

Tentative. — Toute tentative de crime est punie comme le crime même (art. 2, C. P.). La tentative de délit n'est punie que lorsque la loi l'a spécifié (art. 3, C. P.), tentative de vol, d'escroquerie, etc.; mais il n'y a pas, par exemple, de tentative de désertion, de dissipation, de vente d'effets, de sommeil en faction, etc.

Délits connexes. — Ce sont ceux qui, étant reliés entre eux par un lien assez étroit, dépendent les uns des autres ou s'expliquent les uns par les autres (art. 227 C. I. C.). Lorsque les faits ne présentent entre eux aucune connexité, on devra éviter de comprendre dans un même dossier plusieurs individus inculpés de crimes ou délits distincts quoique de même nature. Il y a lieu, par exemple, d'établir autant de procédures qu'il y a d'hommes qui ont refusé d'obéir dans une même journée, alors qu'il n'apparaît pas qu'il y ait eu concert entre eux.

Certificat médical. — Lorsque des coups ou des blessures ont été relevés au cours de l'instruction, il y a lieu de faire établir par un médecin un certificat médical. Ce certificat devra mentionner, autant que possible, le nombre de jours d'indisponibilité de travail. S'il s'agit d'une mort violente ou d'une mort dont la cause est inconnue ou suspecte, un procès-verbal d'autopsie devra être joint à la procédure (art. 44 du Code d'instruction criminelle). Dans ce cas, l'Officier de police judiciaire commettra un expert-médecin en le nommant par une ordonnance. Il lui fera prêter serment et procédera comme il a été dit à propos des expertises.

Correspondance des prévenus. — Les lettres concernant les prévenus peuvent être saisies. Au cours d'un interrogatoire, elles seront ouvertes en présence de l'inculpé, auquel on en donnera lecture. La correspondance sera ensuite jointe au dossier, ou restituée si elle n'offre pas d'intérêt. Mention sera faite de toutes ces formalités sur le procès-verbal d'interrogatoire. Si les lettres se trouvent encore dans un bureau de poste, employer la réquisition (mod. 20) pour en opérer la saisie.

Auteur, coauteur, complice. — L'auteur est celui qui a perpétré l'action; il peut être assisté directement par d'autres personnes qu'on appelle coauteurs. Les complices (art. 59 et suivants C. P.) sont ceux qui ont provoqué, préparé ou facilité l'action ou bien procuré les objets devant servir à la commettre. Le recéleur des objets volés n'est pas un complice; il est considéré comme auteur et puni par les articles 460 et 461 C. P., modifiés par la loi du 22 mai 1915.

Inculpé, prévenu, accusé. — Le mot inculpé s'applique à tout individu sous le coup d'une poursuite. Le Code de justice militaire appelle cet individu *prévenu* jusqu'à l'ordre de mise en jugement, et *accusé* à partir de ce moment-là.

Contumax, défaillant. — Un inculpé en fuite est *contumax* s'il lui est reproché un crime. On dit alors qu'il est poursuivi par *contumace*. Il est *défaillant* et poursuivi par *défaut* s'il s'agit d'un délit.

Tout militaire peut être l'objet d'une information comme contumax ou défaillant, sauf pour désertion commise par un homme de troupe. Dans ce dernier cas, la plainte n'est établie qu'au retour du déserteur. (Art. 1er du décret du 14 octobre 1811.)

Frais de procédure occasionnés par l'instruction au corps. — Les frais de taxes de témoins civils, d'interprètes, d'experts, etc..., engagés par l'Officier de police judiciaire seront réclamés par celui-ci au Commissaire du gouvernement, qui les remboursera après avoir fait connaître et reçu les pièces qu'il y a lieu d'établir à ce sujet.

La taxe d'un témoin civil est de dix centimes par kilomètre parcouru, aller et retour; les vacations d'interprètes sont généralement, pour les militaires, de trois francs, pour les civils, de six francs. Les experts civils sont taxés à raison de six francs par vacation de trois heures. Ce sont là les frais alloués ordinairement par les Officiers de police judiciaire. Pour les diverses autres allocations, voir le vol. 593.

Interlignes, grattages, ratures, renvois. — Les interlignes, les grattages, sont formellement interdits. Les renvois sont approuvés en marge par la signature de tous les comparants; les mots rayés nuls sont numérotés et approuvés en bloc à la fin du procès-verbal. (Voir mod. 8.)

Format des pièces et mots à employer. — Le format des pièces n'a rien de sacramentel, n'a rien de prescrit à peine de nullité dans le droit actuel. Il en est de même des mots à employer qu'on peut remplacer par des équivalents. Toutefois, les mots dont se sert le Code doivent toujours être préférés.

APPENDICE

***

COMPÉTENCE DES CONSEILS DE GUERRE AUX ARMÉES

Compétence en raison de la qualité des personnes. — Tous les justiciables des Conseils de guerre en temps de paix, tous les individus employés dans l'armée ou à la suite de l'armée en vertu de permissions sont justiciables des Conseils de guerre aux armées pour tous crimes ou délits. (Art. 62 C. J. M.).

Compétence relativement à l'infraction commise : A) *Sur le territoire français.* — Sont justiciables des Conseils de guerre, lorsque l'armée se trouve sur le territoire français, en présence de l'ennemi, pour les crimes et délits commis dans l'arrondissement de cette armée :

1° Les étrangers prévenus des crimes et délits prévus par le Code de justice militaire;

2° Tous individus prévenus, comme auteurs ou complices, des crimes graves, tels que la trahison, l'espionnage, le pillage, la dévastation d'édifices, etc. (Art. 64 C. J. M.).

B) *Sur le territoire ennemi.* — Les Conseils de guerre aux armées sont compétents pour juger :

1° Tous individus prévenus soit comme auteurs, soit comme complices d'un des crimes ou délits prévus par le Code de justice militaire. (Art. 63 C. J. M.);

2° Tous individus poursuivis pour crimes ou délits susceptibles de porter atteinte, soit à la sûreté de l'armée (compétence résultant de la jurisprudence de la Cour de Cassation), soit à l'ordre, soit à la paix publique (compétence en cas d'état de siège). (Lois des 9 août 1849 et 3 avril 1878.)

Étrangers. — Comme on le voit, sur le territoire ennemi, tous les étrangers, à quelque nationalité qu'ils appartiennent, y compris, par conséquent, les indigènes civils du pays étranger occupé, peuvent être traduits devant le Conseil de guerre s'ils commettent un des crimes ou délits rentrant dans l'une des catégories énumérées dans les deux derniers paragraphes (1° et 2°) ci-dessus.

Compétence en cas de complicité avec des inculpés civils. — En temps de paix, en France, lorsque la poursuite comprend des individus civils français et des militaires, les inculpés civils entraînent les militaires devant les tribunaux civils (Cour d'assises, Tribunaux correctionnels) (art. 76 C. J. M.); mais aux armées, en pays étranger et en France, en présence de l'ennemi, les militaires entraînent leurs complices civils devant le Conseil de guerre. Ajoutons que, même en temps de paix, tous les prévenus indistinctement, sont traduits devant les tribunaux militaires s'il s'agit de crimes ou de délits commis par des justiciables des Conseils de guerre et par des étrangers. (Art. 77 C. J. M.).

TROUPES DÉBARQUÉES
AU MAROC.

CODE PÉNAL MILITAIRE
Titre II. — Art. 218.

Modèle n° 1.

7ᵉ RÉGIMENT DE ZOUAVES

PLAINTE

A Monsieur *le Général Commandant les troupes débarquées au Maroc.*

Le soussigné CHEVALIER, Henri, Colonel commandant le 7ᵉ régiment de zouaves, a l'honneur de vous représenter que le nommé DURAND, Emile   ,
fils d'*Albert-Jules*   ,   et de *Bernard, Louise*   ;
domiciliés à *Ornel*   , canton d *udit*   ,
arrondissement d *e Quimper*   , département d *u Finistère*   ,
né le *10 mars 1889*   à *Ornel*   , canton d *udit*   ,
arrondissement d *e Quimper*   ; département d *u Finistère*   ,
domicilié, avant son entrée au service, à *Ornel*   , canton d *udit*   ,
arrondissement d *e Quimper*   , département d *u Finistère*   ,
taille d'un mètre *65*   centimètres, cheveux *châtains*, yeux *bleus*   ,
front : inclinaison *moyenne* , hauteur *grande* , largeur *moyenne* ; nez : dos *recti-*
ligne, base *relevée* , hauteur *grande* , saillie *large* , largeur *moyenne*   ;
visage *ovale* . Renseignements physionomiques complémentaires : *Néant.*

Marques particulières : *Tatouage au bras droit : Une flèche*   .

Entré au service le *8 octobre 1910*   .

Inscrit sur le contrôle du corps sous le n° *2524*   .

S'est rendu coupable, le *25 janvier 1912*, de *refus d'obéissance; délit prévu et puni*
par l'article 218 du Code de justice militaire.

Les témoins d u *délit*   sont :
LAFFON, caporal au 7ᵉ régiment de zouaves (3ᵉ compagnie).
AHMED BEN MOHAMED, soldat au 2ᵉ régiment de tirailleurs (4ᵉ compagnie).
KADDOUR BEN OTMAN, soldat au 2ᵉ régiment de tirailleurs (4ᵉ compagnie).
BONTAN, soldat au 7ᵉ régiment de zouaves, détaché à Meknès.

Il a été déposé à la prison d *u corps le 25 janvier 1912*   .

Les pièces à l'appui de la procédure, au nombre de   *onze*
sont ci-jointes, savoir :

1°	*Rapport du capitaine*	1
2°	*Etats signalétiques et des services*	2
3°	*Relevés des punitions*	2
4°	*Relevé des condamnations*	1
5°	*Délégation*	1
6°	*Procès-verbal de déclarations de l'inculpé*	1
7°	*Procès-verbaux des dépositions des témoins*	3
8°		
9°	*Total*	11
10°		
11°		
12°		

Pourquoi il vous demande qu'il en soit informé, afin que ledit *Soldat DURAND*

soit ensuite jugé conformément au Code pénal militaire, et qu'il soit donné au soussigné un récépissé
de la présente plainte.

Fait à *Fez*, le *16 février 1912*.

TROUPES DÉBARQUÉES

AU MAROC

7ᵉ RÉGIMENT DE ZOUAVES

Modèle n° 2.

Fez, le 25 janvier 1912.

RAPPORT *du Capitaine LOUIS, commandant la 3ᵉ compagnie du 7ᵉ régiment de zouaves, tendant à faire traduire le soldat DURAND, Emile, devant un Conseil de Guerre pour refus d'obéissance.*

Le 25 janvier 1912, à cinq heures, le zouave Durand reçut du caporal Laffon l'ordre de s'équiper pour aller à la marche militaire; il n'en tint aucun compte.

Le caporal Laffon prit alors un livret individuel, appela deux témoins, lut au zouave Durand l'article 218 du Code de justice militaire et lui donna de nouveau l'ordre de se mettre en tenue. Ce dernier répondit : « Je ne veux pas aller à la marche ! » et n'obéit pas.

Il fut ensuite mis en prison.

Le zouave Durand a été incorporé au 7ᵉ régiment de zouaves, à compter du 8 octobre 1910. Il n'a que 4 jours de consigne et 8 jours de salle de police. Ce n'est pas un mauvais soldat. Sa moralité laisse peut-être à désirer, car il ne fréquentait que les mauvais soldats de la compagnie.

Il a une condamnation civile pour contravention à la police des chemins de fer.

Les faits étant établis, le Commandant de la compagnie a l'honneur de demander que le zouave Durand soit traduit devant un Conseil de guerre pour refus d'obéissance; délit prévu et puni par l'article 218 du Code de justice militaire.

Les témoins sont :

1° le caporal LAFFON, de la 3ᵉ compagnie;

2° le tirailleur AHMED BEN MOHAMED, de la 4ᵉ compagnie du 2ᵉ régiment de tirailleurs;

3° le tirailleur KADDOUR BEN OTMAN, de la 4ᵉ compagnie du 2ᵉ régiment de tirailleurs.

Les pièces à l'appui sont :

1° l'état signalétique des services
2° le relevé des punitions } en double expédition.

3° le relevé des condamnations antérieures

N° M¹ᵉ 2524.   **A l'appui d'une plainte en Conseil de Guerre.**   Modèle n° 3.

7ᵉ RÉGIMENT DE ZOUAVES

3ᵉ COMPAGNIE

ÉTAT SIGNALÉTIQUE ET DES SERVICES

du   *Soldat de 2ᵉ classe DURAND, Emile.*

ÉTAT CIVIL.	SIGNALEMENT.
Né le *10 mars 1889*	Cheveux *châtains*
à *Ornel*	Yeux *bleus*
canton d*udit*	Front : inclinaison *moyenne*
département du *Finistère*	hauteur *grande* largeur *moyenne*
résidant à *Ornel*	Nez *grand* dos *rectiligne*.
canton d*udit*	base *relevée* hauteur *grande*
département du *Finistère*	saillie *large* largeur *moyenne*
Profession *de boucher*.	Visage *ovale*
Fils de *Albert-Jules*	Renseignements physionomiques
et de *feue Bernard Louise*	complémentaires :
domiciliés à *Ornel*	*Néant.*
canton d*u dit*	
département du *Finistère*	Taille : 1 mètre *65* centimètres.
Marié le (1)	Taille rectifiée : 1 mètre 67 cent.
à d	
alors domiciliée à	Marques particulières :
département d	*Tatouage au bras droit :*
Autorisation du	*Une flèche.*
(1) N'a pas contracté mariage au Corps.	

Jeune soldat *appelé*   de la classe de *1909*, de la subdivision
de *Quimper*   , canton d
1ʳᵉ partie de la liste. N° *776* au registre matricule du recrutement.

ÉPOQUE A LAQUELLE L'HOMME DEVRA PASSER DANS			DATE DE LA LIBÉRATION du
La réserve de l'armée active.	L'armée territoriale.	La réserve de l'armée territoriale.	Service militaire.
1ᵉʳ octobre 1912.	*1ᵉʳ octobre 1923.*	*1ᵉʳ octobre 1929.*	*1ᵉʳ octobre 1935.*

SERVICES SUCCESSIFS, CAMPAGNES ET BLESSURES.	SERVICES SUCCESSIFS, CAMPAGNES ET BLESSURES (Suite.)
Incorporé au 7ᵉ Régiment de Zouaves à compter du 8 octobre 1910. *Arrivé au Corps et soldat de 2ᵉ classe le 8 octobre 1910.* *Condamnation antérieure : 16 francs d'amende, infraction à la police des chemins de fer, tribunal de Guingamp, 27 novembre 1907.* *Temps de service accompli : 1 an 3 mois 18 jours.* *Temps de service restant à faire : 8 mois 12 jours*	*CAMPAGNES* Au Maroc { du 21 juin 1911 au *BLESSURES* *Néant.* *ACTIONS D'ÉCLAT, CITATIONS* *Néant.* *DÉCORATIONS.* *A reçu la Médaille commémorative du Maroc, agrafe " Casablanca ".*

A *Fez*, le *27 janvier 1912*.

Vérifié : *Le Major,*   Certifié : *Le Trésorier,*

Vu : *Le Président du Conseil d'administration,*

Modèle n° 4.

A l'appui d'une plainte en Conseil de guerre.

7e RÉGIMENT DE ZOUAVES

RELEVÉ DES PUNITIONS du Soldat de 2e classe DURAND, Emile, de la 3e Compagnie, N° mle 2524.

DATES des punitions.	NOMBRE DE JOURS DE					PAR QUI LES PUNITIONS ont été infligées.	MOTIFS DES PUNITIONS.
	Consigne au quartier.	à la chambre.	Salle de police.	Prison.	Cellule.		
25 octobre 1911.	4					Capitaine.	Retard à l'exercice.
20 décemb. 1911.			8			Capitaine.	Mauvaise volonté à la manœuvre.
25 janvier 1912.				8		do	A refusé de s'équiper pour aller à la marche militaire.
27 do				NO		Colonel.	A la prison jusqu'à décision à intervenir, une plainte en Conseil de guerre étant établie contre lui.
A reporter.	4		8				

DATES des punitions.	NOMBRE DE JOURS DE					PAR QUI LES PUNITIONS ont été infligées.	MOTIFS DES PUNITIONS.
	Consigne au quartier.	à la chambre.	Salle de police.	Prison.	Cellule.		
Report....	4		8				
Totaux....	4		8				
Totaux réunis.			12				

CERTIFIÉ conforme au registre des punitions du corps.

A *Fez*, le *27 janvier* 1912.

Le

Le Commandant de *la 3e Compagnie*,

Modèle n° 5.

7ᴱ RÉGIMENT DE ZOUAVES

3ᵉ COMPAGNIE

RELEVÉ des condamnations subies par le *Soldat de 2ᵉ classe DURAND, Emile,*

N° Matricule 2524

DATES.	COURS ou TRIBUNAUX.	MOTIFS des CONDAMNATIONS.	NATURE et DURÉE DES PEINES.
		Condamnations civiles.	
27 Novembre 1907.	Guingamp.	Infraction à la police des chemins de fer.	16 francs d'amende.
		Condamnations militaires.	
		Néant.	

Vᴜ :
Le Chef de Corps,

À *Fez*, le *27 janvier* 191 2.
Le Capitaine Commandant la Compagnie,

Modèle n° 6.

Art. 85 du Code de
Justice militaire.

7ᵉ RÉGIMENT DE ZOUAVES

DÉLÉGATION [1]

Nous, CHEVALIER, Pierre, Colonel commandant le 7ᵉ régiment de zouaves;

Vu l'article 85 du Code de justice militaire,

Déléguons Monsieur BERTIN, Jean, Chef de bataillon au 7ᵉ régiment de zouaves, pour procéder, comme Officier de police judiciaire, et en se conformant à la loi, à l'instruction à suivre contre le soldat de 2ᵉ classe DURAND, Emile, n° mˡᵉ 2524, de la 3ᵉ compagnie du 7ᵉ régiment de zouaves, inculpé de : Refus d'obéissance (délit prévu et réprimé par l'article 218 du Code de justice militaire), en l'invitant à nous transmettre tous actes et procès-verbaux dressés en exécution de la présente délégation.

Donné à Fez, le 26 janvier 1912.

Le Colonel Commandant le 7ᵉ régiment de zouaves,

---

(1) Pour la réquisition remplacer les mots *délégation* par *réquisition* et *déléguons* par *requérons*, et ajouter l'article 84 du Code de justice militaire.

Modèle n° 7.

Formule n° 5 *ter*.

(Feuille double.)

PROCÈS-VERBAL

des déclarations reçues
par l'officier de police
judiciaire.

Art. 85 et 86 du Code de
justice militaire.

7ᵉ RÉGIMENT DE ZOUAVES

L'an mil neuf cent *douze* , le *vingt-six janvier*

à *huit* heures,

Devant nous, *BERTIN, Jean, Chef de bataillon au 7ᵉ régiment de zouaves,* agissant en vertu des articles 85 et 86 du Code de justice militaire et par délégation de M. le *Colonel CHEVALIER, Pierre, commandant le 7ᵉ régiment de zouaves, au Maroc,*

comme officier de police judiciaire, assisté d'e *l'Adjudant FULON, Antoine, du 7ᵉ régiment de zouaves, âgé de 26 ans* , faisant fonctions de greffier, et à qui nous avons préalablement fait prêter serment de bien et fidèlement remplir ladite fonction, en la salle de s *rapports à Fez*

avons fait comparaître devant nous, à l'effet de recevoir ses déclarations, l'inculpé ci-après nommé, lequel, interpellé de déclarer ses noms, prénoms, âge, lieu de naissance, profession et domicile, a répondu se nommer *DURAND, Emile* ,

né à *Ornel* le *10 mars 1889,*

profession de *boucher* , demeurant avant son entrée au service à *Ornel* , et aujourd'hui *Soldat de 2ᵉ classe*

au *7ᵉ régiment de zouaves* , en garnison à *Fez* .

Le Greffier,   L'Officier de police judiciaire,

Nota. — La formule 5 *ter* ci-dessus répond aux vœux de la loi ; mais, en dehors du temps de paix, on peut aussi employer la formule, à peu près semblable, appelée formule 5 *bis* (vol. n° 56 *bis,* p. 7), voir Modèle 7 *bis,* ci-après.

Nous avons alors informé le susnommé qu'il était inculpé d'avoir, le 25 janvier 1912, à Fez, *refusé d'obéir à un ordre relatif au service, à lui donné par son chef, le caporal LAFFON, du même corps,*

et nous l'avons invité à nous faire ses déclarations, *en l'avertissant qu'il était libre de ne pas en faire* (1).

D. *Qu'avez-vous à dire au sujet du refus d'obéissance qui vous est reproché ?*

R. *Je ne me suis pas senti la force d'aller à la marche militaire; c'est pour cela que je n'ai pas obéi. Et puis j'avais mal à la tête et je ne savais pas ce que je faisais.*

D. *C'est tout ce que vous avez à dire pour votre défense ?*

R. *Oui; sauf que le zouave BONTAN, détaché à Meknès, pourrait certifier que lorsque j'ai mal à la tête, je ne me rends pas bien compte des actes que j'accomplis.*

Je regrette ce que j'ai fait.

Lecture faite, le comparant a déclaré que ses réponses sont fidèlement transcrites, qu'elles contiennent vérité, qu'il y persiste, et nous avons signé avec lui et le greffier (2).

Le Greffier,   L'Inculpé,   L'Officier de police judiciaire,

---

(1) Les mots en italique, *en l'avertissant qu'il était libre de ne pas en faire*, doivent être rayés aux armées et en temps de guerre.

(2) Si l'inculpé ne sait ou ne veut signer, rectifier en conséquence la fin de l'interrogatoire, et ajouter : *l'inculpé ayant déclaré ne savoir* (ou *ne vouloir*) *signer.*

Approuver tous les mots rayés nuls par la mention suivante, portée à la fin du procès-verbal : *en approuvant......* *mots rayés nuls.*

PROCÈS-VERBAL

des déclarations reçues
par l'officier de police
judiciaire en dehors
du temps de paix.

Formule n° 5 *bis* (1).

Art. 85 et 86 du Code de
justice militaire.

e

.... (2) ....

L'an mil neuf cent

Devant nous (A)
agissant en vertu des articles 85 et 86 du Code de justice militaire et par délégation
de M. le (3)
comme officier de police judiciaire, assisté du sieur (B)

faisant fonctions de greffier et à qui
nous avons préalablement fait prêter serment de bien et fidèlement remplir lesdites
fonctions, dans la salle des rapports, à la caserne de   ,
avons fait extraire de la prison, à l'effet de l'interroger, le (C)
                              , inculpé de

En conséquence, nous avons fait amener devant nous ledit
                                        que nous avons interrogé ainsi qu'il suit :

Interpellé de déclarer ses nom, prénoms, âge, lieu de naissance, état, profession et domicile, a répondu se nommer :
fils de
demeurant, avant son entrée au service,
                    et aujourd'hui soldat   au
en garnison à

Demande :

Réponse :

Lecture faite au prévenu de son interrogatoire, il a déclaré ses réponses être
fidèlement transcrites, qu'il y persiste, et il a signé avec nous et le greffier (D).

(A. B. C.) Nom, prénoms, grade, corps.
(D.) Si le prévenu ne sait pas signer, le procès verbal en fera mention.
(1) Formule modifiée conformément à la notification du 23 février 1903.
(2) Corps ou service.
(3) Chef de corps ou de service.
NOTA. — Formule employée spécialement aux armées et en temps de
guerre.

PROCÈS-VERBAL

des déclarations reçues
par l'officier de police
judiciaire, dans les
cas prévus par la loi
du 15 juin 1899.

Art. 85 et 86 du Code de
Justice militaire.

7ᵉ RÉGIMENT DE ZOUAVES

Modèle n° 8.

Formule n° 5 *ter*.

(Feuille double.)

L'an mil neuf cent *douze*, le *vingt-six janvier*
à *neuf* heures,

Devant nous, *BERTIN, Jean, Chef de bataillon au 7ᵉ régiment de zouaves,*
agissant en vertu des articles 85 et 86 du Code de justice militaire et par délégation de
M. le *Colonel CHEVALIER, Pierre, commandant le 7ᵉ régiment de zouaves, au Ma-*
roc,
comme officier de police judiciaire, assisté d'e *l'Adjudant FULON, Antoine, du 7ᵉ*
régiment de zouaves, âgé de 26 ans, faisant fonctions de greffier, et à qui nous
avons préalablement fait prêter serment de bien et fidèlement remplir ladite fonction, en la salle de s *rapports, à Fez,*
avons fait comparaître devant nous, à l'effet de recevoir ses déclarations, le témoin
ci-après nommé, lequel, interpellé de déclarer ses nom, prénoms, âge, lieu de naissance, profession et domicile, et s'il est domestique, parent ou allié de l'inculpé et à
quel degré, a répondu se nommer *LAFFON, Albert*,
né à *Paris* le *12 janvier 1889*,
profession de *menuisier*, demeurant avant son entrée
au service à *Paris* et aujourd'hui *caporal*
au *7ᵉ régiment de zouaves,*, en garnison à *Fez*,
n'être domestique, parent ou allié de l'inculpé.

Nous avons alors invité le témoin susnommé, hors de la présence de l'inculpé
et des autres témoins, à prêter le serment de dire toute la vérité, rien que la vérité,

Le Greffier,   L'Officier de police judiciaire, et le témoin ayant *prêté ledit serment nous a fait la déposition suivante :*

D. Que savez-vous sur les faits reprochés au zouave DURAND ?

R. Le 25 janvier, à cinq heures, au moment du départ pour la marche, je prescrivis au zouave DURAND de s'équiper.

Il me regarda, mais ne bougea pas.

Je + de lui et lui renouvelai l'ordre. Il me répondit : « Non ».

J'ai pris ensuite mon livret individuel, appelé deux témoins et lu à l'inculpé l'article 218 du Code de justice militaire; puis je lui ai renouvelé l'ordre. Le zouave DURAND me répondit alors : « Je ne veux pas aller à la marche », et il n'obéit pas.

Je rendis compte à l'adjudant qui fit mettre le prévenu en prison
(1)   (2)
~~en prison.~~

D. C'est tout ce que vous avez à dire ?

R. Oui.

Lecture faite, le comparant déclare que ses réponses sont fidèlement transcrites, qu'il y persiste et il a signé avec nous et le greffier, en approuvant deux mots rayés nuls.

Le Greffier,   Le Témoin,   L'Officier de police judiciaire,

+ *m'approchai*

Renvoi approuvé :

Le Greffier,   Le témoin,

L'Officier de police judiciaire,

PROCÈS-VERBAL
des déclarations reçues
par l'officier de police
judiciaire dans les
cas prévus par la loi
du 15 juin 1899.

Art. 85 et 86 du Code de
justice militaire.

Formule n° 5 *ter*.

(Feuille double.)

7ᵉ RÉGIMENT DE ZOUAVES

L'an mil neuf cent   *douze*   , le   *vingt-six janvier*
à   *dix*   heures,

Devant nous, *BERTIN, Jean, Chef de bataillon au 7ᵉ régiment de
zouaves*   , agissant en vertu des articles 85 et 86 du Code de justice
militaire et par délégation de M. le   *Colonel CHEVALIER, Pierre, commandant le 7ᵉ régiment de zouaves, au Maroc*   , comme officier de police
judiciaire, assisté d e *l'Adjudant FULON, Antoine, du 7ᵉ régiment de
zouaves, âgé de 26 ans*   , faisant fonctions de greffier, et à qui nous
avons préalablement fait prêter serment de bien et fidèlement remplir
ladite fonction, en la salle de *s rapports, à Fez,*
avons fait comparaître devant nous, à l'effet de recevoir ses déclarations,
le témoin ci-après nommé, lequel, interpellé de déclarer ses nom, prénoms, âge, lieu de naissance, profession et domicile, et s'il est domestique, parent ou allié de l'inculpé et à quel degré, a répondu se nommer,

*par l'organe du sergent
Larbi ben Salah, majeur,
du 6ᵉ régiment de tirail-
leurs, qui a prêté le serment prescrit par l'art. 332
du Code d'instruction criminelle :*

Renvoi approuvé :

Le Greffier,   L'Interprète,

L'Officier de police judiciaire,

AHMED BEN MOHAMED
né à   *Constantine*   le   *2 juin 1876*   ,
profession de   *cultivateur*   , demeurant avant son entrée
au service à   *Batna*   et aujourd'hui   *soldat*
au   *6ᵉ régiment de tirailleurs*   en garnison à   *Fez*   ,
n'être domestique, parent ou allié de l'inculpé.

Nous avons alors invité le témoin susnommé, hors de la présence de
l'inculpé et des autres témoins, à prêter le serment de dire toute la vérité,
rien que la vérité, et le témoin ayant *prêté ledit serment nous a fait la
déposition ci-après :*

Le Greffier,   L'Officier de police judiciaire,

D. *Que savez-vous sur les faits reprochés au soldat DURAND ?*

R. *J'étais là lorsque le caporal LAFFON a donné l'ordre au zouave DURAND de s'équiper pour aller à la marche militaire; je comprends assez le français pour cela. Le soldat DURAND a répondu : « Je ne veux pas aller à la marche ! », et il n'a pas obéi.*

D. *C'est tout ce que vous savez ?*

R. *Oui.*

Lecture faite, le comparant déclare que ses réponses sont fidèlement transcrites, qu'il y persiste et nous avons signé avec l'interprète et le greffier, le témoin ayant déclaré ne le savoir.

Le Greffier,   L'Interprète,   L'Officier de police judiciaire,

CONFRONTATION[1]

Et sans désemparer nous faisons introduire l'inculpé DURAND que nous confrontons avec le témoin, ainsi qu'il suit :

D. (au témoin). — *Reconnaissez-vous cet homme ?*

R. *Oui, c'est le zouave DURAND, de qui j'ai voulu parler dans ma déposition.*

D. (à l'inculpé). — *Avez-vous quelque chose à dire ?*

R. *Non.*

Lecture faite aux comparants, ils ont déclaré leur réponse fidèlement transcrite, y persister et nous avons signé avec l'inculpé, le greffier et l'interprète, le témoin ayant déclaré ne le savoir.

Le Greffier,   L'Inculpé,   L'Interprète,   L'Officier de police judiciaire,

---

(1) La confrontation aurait pu être faite plus haut au cours de la déposition du témoin. On peut aussi procéder à une confrontation dans l'interrogatoire de l'inculpé. Les témoins confrontés prêtent serment. Il en est fait mention dans le procès-verbal.

Modèle n° 10.

COMMISSION ROGATOIRE

7ᵉ RÉGIMENT DE ZOUAVES

Nous, BERTIN, Chef de bataillon, agissant comme Officier de police judiciaire dans l'affaire du soldat DURAND, du 7ᵉ régiment de zouaves, inculpé de **refus d'obéissance.**

Attendu qu'il importe d'informer et d'éviter les frais de déplacement;

Vu les articles 84, 85, 86 du Code de justice militaire, 83 et 85 du Code d'instruction criminelle;

Prions et requérons M. le Commandant des brigades de gendarmerie de Meknès (ou le Commandant du détachement dans lequel comptent les témoins), auquel nous adressons la présente commission rogatoire, de vouloir bien citer à comparaître devant lui, et d'entendre comme témoins sur les faits et circonstances qui peuvent être à leur connaissance, relativement au délit ci-dessus mentionné, les soldats :

KADDOUR BEN OTMAN, de la 15ᵉ compagnie du 6ᵉ régiment de tirailleurs;

BONTAN, de la 3ᵉ compagnie du 7ᵉ régiment de zouaves, tous deux détachés au Bureau de la Place, à Meknès;

Et tous autres dont les dépositions seraient utiles à la manifestation de la vérité;

Il convient de leur adresser les questions suivantes, indépendamment de celles qu'il serait jugé utile de leur poser :

Première Question. — (A KADDOUR) : Que savez-vous sur le refus d'obéissance qui est reproché au zouave DURAND ?

Deuxième Question. — (A BONTAN) : Avez-vous remarqué que le zouave DURAND, de votre compagnie, avait souvent mal à la tête ?

Troisième Question. — (A tous les deux) : Avez-vous quelque chose à ajouter ?

Prions, en outre, de nous renvoyer la présente commission rogatoire avec les procès-verbaux d'information dressés en conséquence, ainsi que toutes les pièces qu'il y aurait lieu de rédiger pour son exécution, conformément à la loi.

A Fez, le 27 janvier 1912.

L'Officier de police judiciaire,

PROCÈS-VERBAL
d'information établi en
exécution de commis-
sion rogatoire.

Modèle n° 11.

GENDARMERIE NATIONALE

Cejourd'hui vingt-neuf janvier mil neuf cent douze,

Nous, PRAT, Maréchal des Logis, à Meknès, agissant en vertu de la commission rogatoire, en date du 27 janvier 1912, à nous adressée par M. BERTIN, Chef de bataillon, Officier de police judiciaire, chargé d'informer contre le soldat DU-RAND, du 7ᵉ régiment de zouaves, inculpé de refus d'obéissance;

Assisté du gendarme LACOUTURE, âgé de 27 ans, désigné par nous pour remplir les fonctions de greffier, et duquel nous avons préalablement reçu le serment d'en bien et fidèlement remplir les fonctions,

Avons fait comparaître devant nous le zouave BONTAN, du 7ᵉ régiment, lequel, hors de la présence de tout autre témoin, après avoir entendu la lecture de la commission rogatoire relative au susnommé et interrogé sur ses nom, prénoms, âge, profession et demeure, s'il est domestique, parent ou allié de l'inculpé et à quel degré, a prêté le serment de dire toute la vérité, rien que la vérité, et a répondu se nommer : BONTAN, Georges, âgé de 22 ans, soldat au 7ᵉ régiment de zouaves, à Meknès, n'être domestique, parent ou allié de l'inculpé.

D. Avez-vous remarqué que le zouave DURAND, de votre compagnie, avait souvent mal à la tête ?

R. Oui, il se plaignait très souvent du mal de tête et il me disait alors qu'il ne se rendait pas bien compte de ce qu'il faisait.

D. Avez-vous quelque chose à ajouter ?

R. Non.

Lecture faite, le comparant déclare que ses réponses sont fidèlement transcrites, qu'il y persiste et il a signé avec nous et le greffier.

Le Greffier,   Le Témoin,   L'Officier de police judiciaire,

PROCÈS-VERBAL

d'information établi en
exécution de commis-
sion rogatoire.

Modèle n° 12.

GENDARMERIE NATIONALE

Cejourd'hui vingt-neuf janvier mil neuf cent douze,

Nous, PRAT, Maréchal des Logis, à Meknès, agissant en vertu de la commission rogatoire, en date du 27 janvier 1912, à nous adressée par M. BERTIN, Chef de bataillon, Officier de police judiciaire, chargé d'informer contre le soldat DURAND, du 7e régiment de zouaves, inculpé de refus d'obéissance;

Assisté du gendarme LACOUTURE, âgé de 27 ans, désigné par nous pour remplir les fonctions de greffier, et duquel nous avons préalablement reçu le serment d'en bien et fidèlement remplir les fonctions,

Avons fait comparaître devant nous le tirailleur KADDOUR BEN OTMAN, du 6e régiment, lequel, hors de la présence de tout autre témoin, après avoir entendu la lecture de la commission rogatoire relative au susnommé et interrogé sur ses nom, prénoms, âge, profession et demeure, s'il est domestique, parent ou allié de l'inculpé et à quel degré, a prêté le serment de dire toute la vérité, rien que la vérité, et a répondu se nommer, par l'organe du sergent MOSTEFA BEN AHMED, du 6e régiment de tirailleurs, majeur, qui a prêté le serment prescrit par l'article 332 du Code d'instruction criminelle :

KADDOUR BEN OTMAN, âgé d'environ 27 ans, soldat au 6e régiment de tirailleurs, à Meknès, n'être domestique, parent ou allié de l'inculpé.

D. Que savez-vous sur le refus d'obéissance qui est reproché au zouave DURAND ?

R. Le 25 janvier 1912, à Meknès, j'étais présent lorsque le caporal LAFFON a donné l'ordre au zouave DURAND de s'équiper pour aller à la marche militaire. Il lui a lu le Code. Le zouave DURAND n'a pas obéi. J'ai compris qu'il disait qu'il ne voulait pas aller à la marche.

D. Avez-vous quelque chose à ajouter ?

R. Non.

Lecture faite au comparant, il a déclaré que ses réponses étaient fidèlement transcrites, qu'il y persistait et nous avons signé avec le greffier et l'interprète, le témoin ayant déclaré ne le savoir.

Le Greffier,   L'Interprète,   L'Officier de police judiciaire,

TROUPES DÉBARQUÉES
AU MAROC

7ᵉ RÉGIMENT DE ZOUAVES

Modèle nᵒ **13.**

RÉQUISITION

POUR PÉNÉTRER DANS UNE MAISON PARTICULIÈRE

Nous, BERTIN, Chef de bataillon, Officier de police judiciaire;

Vu la procédure commencée contre le soldat DURAND, du 7ᵉ régiment de zoua-ves, inculpé de refus d'obéissance;

Vu les articles 86 et 91 du Code de justice militaire;

Attendu qu'il résulte de l'instruction que l'inculpé aurait déposé des effets mili-taires au domicile du nommé BOULON, rue du Fondouk, nᵒ 17, à Fez,

Requérons qu'il plaise à Monsieur le Commissaire de police (le Juge de paix ou le Maire) de nous accompagner au domicile susindiqué, à l'effet d'y procéder à toutes constatations et recherches, aux fins ci-dessus indiquées.

Fait à Fez, le 1ᵉʳ février 1912.

NOTA. — En vertu de l'article 153 du Code de justice militaire, aux armées, s'il ne se trouve sur les lieux aucune autorité civile chargée d'assister l'Officier de police judiciaire, celui-ci peut passer outre et perquisitionner; mention en est faite dans le procès-verbal de perquisition.

PROCÈS-VERBAL DE PERQUISITION

CONSTATANT LA SAISIE DE PIÈCES DE CONVICTION

L'an mil neuf cent douze, le deux février,

Nous, BERTIN, Chef de bataillon, Officier de police judiciaire, assisté de l'Adjudant FULON, faisant fonctions de greffier et à qui nous avons fait prêter serment de bien et fidèlement remplir lesdites fonctions;

Attendu qu'il importe à la manifestation de la vérité de rechercher les papiers, pièces, effets ou objets pouvant servir de conviction ou à décharge dans l'affaire du soldat DURAND, inculpé de refus d'obéissance;

Vu les articles 86, 91 du Code de justice militaire, 35 et 39 du Code d'instruction criminelle,

Nous sommes transporté, accompagné de M. FORTIN, Commissaire de police, lequel nous avons requis, le 1ᵉʳ février 1912, à cet effet, et de l'inculpé DURAND, au domicile du nommé BOULON, rue du Fondouk, n° 17, à Fez, et là nous nous sommes livré à une perquisition dans les diverses parties de l'appartement.

Au cours de notre perquisition, nous avons trouvé un pantalon et une veste de zouave; dans la poche du pantalon se trouvait un petit couteau.

L'inculpé interpellé par nous sur la possession de ces objets a répondu : « Ces effets et cet objet sont à moi. »

Lesdits objets ont été clos et scellés et seront joints à la procédure suivie contre le soldat DURAND, pour servir de pièces de conviction.

De tout ce qui précède, nous avons dressé le présent procès-verbal, qui a été signé par nous, le Commissaire de police, l'inculpé et le greffier.

Le Greffier,   L'Inculpé,   Le Commissaire de police,   L'Officier de police judiciaire,

Modèle nº 15.

ORDONNANCE DE PERQUISITION

Nous, BERTIN, Chef de bataillon, Officier de police judiciaire;

Vu la procédure commencée contre le soldat DURAND, inculpé de refus d'obéissance et de tentative de meurtre;

Vu les articles 85 et 86 du Code de justice militaire,

Requérons le maréchal des logis de gendarmerie MARION, commandant la brigade de gendarmerie de Bel-Abbès, à l'effet de se transporter, rue Nationale, nº 29, et d'y faire, en se conformant à la loi, une perquisition ayant pour but de rechercher et de saisir tous les objets ayant pu servir à commettre la tentative de meurtre, ainsi que tous autres qui paraîtraient utiles à la manifestation de la vérité.

Desquelles perquisition et saisie, le maréchal des logis de gendarmerie MARION dressera immédiatement un procès-verbal qui nous sera transmis après avoir été signé par lui et les personnes qui l'auront assisté.

Fait à Casablanca, le 4 février 1912.

L'Officier de police judiciaire,

Modèle n° 16.

ÉTAT DES PIÈCES DE CONVICTION

ÉTAT des effets saisis à la suite d'une perquisition faite (ou ordonnée) par un Officier de Police Judiciaire

Un pantalon de zouave.

Une veste de zouave.

Un petit couteau de poche.

Casablanca, le 3 février 1912.

L'Officier de police judiciaire,

NOTA. — Si cet état est établi à la suite d'une ordonnance de perquisition, un procès-verbal (modèle 14) relatant la perquisition doit être toujours joint à l'état.

Modèle n° 17.

7ᵉ RÉGIMENT DE ZOUAVES

ORDONNANCE DE NOMINATION D'EXPERT

Nous, BERTIN, *Chef de bataillon au 7ᵉ régiment de zouaves, Officier de police judiciaire;*

Vu la procédure commencée contre le soldat DURAND, du 7ᵉ régiment de zouaves, inculpé de refus d'obéissance,

Commettons M. DUPONT, Médecin-Major de 1ʳᵉ classe, pour, serment préalablement prêté entre nos mains, nous dire dans un rapport écrit dans quelle mesure l'inculpé paraît responsable du délit de refus d'obéissance qui lui est reproché.

A Casablanca, le 1ᵉʳ février 1912.

L'Officier de police judiciaire,

TROUPES-DÉBARQUÉES
AU MAROC

7ᵉ RÉGIMENT DE ZOUAVES

Modèle nᵒ 18.

PRESTATION DE SERMENT D'UN EXPERT

L'an mil neuf cent douze, le deux février,

Par devant nous, BERTIN, Chef de bataillon, Officier de police judiciaire, assisté de l'Adjudant FULON, greffier, en la salle des rapports, à Fez,

A comparu M. DUPONT, Médecin-Major de 1ʳᵉ classe, lequel, après avoir pris connaissance de notre ordonnance, en date du 1ᵉʳ février 1912, qui le commet à l'effet de procéder à l'examen mental du soldat DURAND, du 7ᵉ régiment de zouaves, déclare accepter la mission qui lui est confiée et a, en conséquence, prêté entre nos mains le serment d'en remplir l'objet en son honneur et conscience.

En foi de quoi, il a signé le présent avec nous et le Greffier, après lecture faite.

Le Greffier,   L'Expert,   L'Officier de police judiciaire,

TROUPES DÉBARQUÉES

AU MAROC

Modèle n° 19.

Casablanca, le 15 février 1912.

RAPPORT MÉDICO-LÉGAL

concernant le soldat **DURAND**, du 7e **Régiment de Zouaves**.

Nous soussigné, DUPONT, Médecin-Major de 1re classe;

Sur la réquisition de M. BERTIN, Chef de bataillon, Officier de police judiciaire;

Serment préalablement prêté,

Avons procédé à l'examen du soldat DURAND et avons constaté ce qui suit :

Conclusions : La responsabilité du soldat DURAND, dans l'acte qui lui est reproché, paraît atténuée dans une faible mesure.

TROUPES DÉBARQUÉES

AU MAROC

Modèle n° 20.

7e RÉGIMENT DE ZOUAVES

RÉQUISITION A UN RECEVEUR DES POSTES

Nous, BERTIN, Chef de bataillon, Officier de police judiciaire;

Vu la procédure suivie contre le soldat DURAND, du 7e régiment de zouaves, inculpé de vol militaire;

Attendu qu'il ressort de l'enquête que, le 4 février 1912, le prévenu aurait adressé par mandat-poste une assez forte somme d'argent à un nommé CHARLES, demeurant à Nantes,

Prions et au besoin requérons Monsieur le Receveur des Postes de Casablanca de nous faire connaître quels mandats ont été adressés dans ladite journée au bénéfice dudit destinataire.

Fez, le 7 février 1912.

L'Officier de police judiciaire,

TROUPES DÉBARQUÉES
AU MAROC

5ᵉ RÉGIMENT ÉTRANGER

Modèle nᵒ 21.

Art. 18 de
l'instruction du 21 mars 1906.

PLAINTE

A Monsieur *le GÉNÉRAL Commandant les Troupes débarquées au Maroc.*

LE SOUSSIGNÉ *MARTIN, Chef de bataillon au 5ᵉ régiment étranger, Chef de détachement*   , a l'honneur de vous représenter que le nommé   *STOP, Adolphe,*
fils d e *Pierre,*
et d e *Marie, Lambert,*
domiciliés à   *Lille,*   canton d *udit,* .
arrondissement d *udit,*   département d *u Nord;*
né le   *10 février 1885,*   à   *Lyon,*
canton d *udit,*   arrondissement d *udit,*
département d *u Rhône;*   domicilié, avant d'entrer au service,
au   *Mans,*   canton d *udit,*
arrondissement d *udit,*   département d e *la Sarthe;*
Cheveux :   *châtains,*   yeux :   *bleus,*

Front................. (Inclinaison : *verticale,*   Hauteur : *moyen,*
                       (Largeur : *moyen;*

Nez.. .... (Dos : *sinueux,* Base : *relevée,* Hauteur : *moyen,*
                     (Saillie : *moyen,*   Largeur : *moyen;*

Visage :   *ovale, teint coloré.*
Renseignements physionomiques complémentaires :   *Néant.*
Taille : 1 mètre   65   centimètres. — Taille rectifiée : 1 mètre   65   centimètres.
Marques particulières :   *cicatrice à la main droite.*

Entré au service le   *25 octobre 1910, comme engagé volontaire pour 5 ans, au titre du 5ᵉ régiment étranger.*

Inscrit au contrôle du corps ou de l'établissement sous le nᵒ   2541; a abandonné ses drapeaux le *deux du mois d e janvier 1912, à l'appel du soir, à Fedallah (Maroc).*

pour déserter   *en présence de l'ennemi,*

n'a plus reparu au corps ou à l'établissement depuis cette époque jusqu'au *seize*   du
mois d e *février 1912*   qu'il est arrivé à   *Casablanca,*
où il a été déposé à la prison   *de la Place.*

Les témoins de la désertion sont :
  LANTELME, caporal au 5° régiment étranger.
  GOTLIB, soldat   *d°*

Les pièces à l'appui de la procédure, au nombre de   , sont ci-jointes :
  2 *états signalétiques;*
  2 *relevés de punition,*
  etc.

Pourquoi il vous demande qu'il en soit informé, afin que ledit   *STOP, Adolphe,*

soit ensuite jugé conformément au Code de justice militaire et qu'il soit donné au
soussigné un récépissé de la présente plainte.

Fait à   *Meknès*   , le   *1ᵉʳ mars*   191 *2.*

TROUPES DÉBARQUÉES

AU MAROC

—

PLACE DE CASABLANCA

Modèle n° 22.

PROCÈS-VERBAL

DE PRÉSENTATION VOLONTAIRE D'UN DÉSERTEUR

Le seize février mil neuf cent douze, à neuf heures;

Devant nous, ARMAND, Capitaine au 8ᵉ régiment de tirailleurs, Adjudant de garnison, s'est présenté au bureau de la Place le légionnaire STOP, Adolphe, du 5ᵉ régiment étranger, lequel nous a déclaré être déserteur de son régiment et vouloir se constituer prisonnier.

Nous l'avons aussitôt fait conduire à la prison de la Place.

Le Capitaine Adjudant de garnison,

Modèle n° 23.

5ᵉ RÉGIMENT ÉTRANGER

ÉTAT *des effets emportés par le légionnaire STOP, Adolphe, qui a abandonné son Corps le 2 janvier 1912.*

NATURE DES EFFETS.	NOMBRE.	OBSERVATIONS.
Veste de drap	1	
Pantalon de drap	1	
Képi	1	
Chemise	1	
Brodequins	1 paire	
Cravate	1	
Etui-musette	1	

Casablanca, le 2 janvier 1912.

L'Officier de police judiciaire,

Modèle n° 24.

5° RÉGIMENT ÉTRANGER

ÉTAT des effets rapportés par le légionnaire STOP, Adolphe, déserteur, rentré à son Corps le 16 février 1912.

NATURE DES EFFETS.	NOMBRE.	OBSERVATIONS.
Veste de drap	1	
Pantalon de drap	1	
Képi	1	
Chemise	1	
Brodequins	1 paire	

Casablanca, le 16 février 1912.

L'Officier de police judiciaire,

TABLE DES MATIÈRES

(Pour les Modèles des pièces, voir la liste et leur numéro à la page 1.)

PARIS ET LIMOGES. — IMPRIMERIE ET LIBRAIRIE MILITAIRES CHARLES-LAVAUZELLE.